Britta Kummer

Vegetarisches Grillvergnügen

–

so einfach geht´s

Satz: Britta Kummer
Covergestaltung: Britta Kummer
Webseite: http://brittasbuecher.jimdofree.com
E-Mail: info.britta-kummer@t-online.de

Fotos S. 1 und S. 88 © privat
Foto S. 91 © Karin Pfolz
Illustrationen http://pixabay.com/

ISBN: 978-3-7526-8395-0

© 2021 Herstellung und Verlag:
BoD - Books on Demand,
Norderstedt
www.bod.de

Britta Kummer

Vegetarisches Grillvergnügen
–
so einfach geht´s

INHALTSVERZEICHNIS

Dieses Kochbuch hat keine Fotos zu den einzelnen Gerichten.

Ebenso gibt es keine Nährwertangaben, da diese auf fast allen Lebensmitteln angegeben sind.

Alle Rezepte in diesem Buch sind für zwei Personen, sofern nicht anders genannt.

Vorwort

Man hört oft vegetarisch grillen ist langweilig und schmeckt fade. Das ist falsch.

Vegetarisch grillen ist abwechslungsreich, bunt, vielseitig und bietet Genuss auf der ganzen Linie. Probieren Sie es aus.

Die Rezepte in diesem Buch lassen sich alle auf dem Holzkohle-, Gas- oder Elektrogrill zubereiten. Wer die eine oder andere Zutat nicht mag, lässt sie einfach weg oder ersetzt sie. Immerhin ist die Königin des Kochens die Fantasie.

Viel Spaß beim Nachgrillen.

Holzkohle-, Elektro- und Gasgrill

Die bekanntesten Grillgeräte sind der Holzkohle-, Elektro- und Gasgrill.

Holzkohlegrill
Der Holzkohlegrill ist der Klassiker unter den Grills und weit verbreitet. Er wird mit Kohle oder Briketts befeuert, und das Grillgut wird auf einem Rost direkt über dem Feuer geröstet. Gegenüber dem Elektro- und Gasgrill ist ein Holzkohlegrill recht preiswert.
Ein Nachteil ist, dass es sehr lange dauert, bis die richtige Grillhitze erreicht ist. Ebenso ein Nachteil ist, dass gesundheitsschädliche Dämpfe und Rauch entstehen.

Elektrogrill
Der Elektrogrill eignet sich sehr gut fürs Grillen auf dem Balkon oder der Terrasse, da der Nachbar durch keinen Qualm belästigt wird. Man kann ihn sogar in den eigenen vier Wänden nutzen. So steht einem Grillvergnügen über das ganze Jahr hinweg nichts im Weg, und er ist in wenigen Minuten einsatzbereit.
Gegenüber dem Holzkohle- und Gasgrill braucht man für einen Elektrogrill kein Brennmaterial. Man muss nicht regelmäßig den Kohlevorrat auffüllen oder eine neue Gasflasche kaufen und anschließen. Aber der Elektrogrill braucht Strom und je nachdem, wo man grillen möchte, kann das zum Problem werden, da nicht überall eine Steckdose vorhanden ist. Gerade dann nicht, wenn man in freier Natur grillen möchte.

Gasgrill
Auch der Gasgrill eignet sich hervorragend für das Grillen auf Balkon und Terrasse, da auch hier wie beim Elektrogrill die Qualmentwicklung gering ist. Und ebenso wie beim Elektrogrill erhitzt sich der Gasgrill bedeutend schneller als der Holzkohlegrill. Ein weiterer Vorteil ist, dass sich bei einem Gasgrill die Grilltemperatur sehr genau einstellen lässt.

Die Marinade macht's

Die Marinade verleiht dem Grillgut die besondere Note. So auch dem Gemüse.

Schmeckt Grillgemüse langweilig oder fad, ist meist der Grund, dass es nicht mariniert wurde. Gemüse enthält kein Fett. Deshalb trocknet es, wenn es nicht mariniert ist, beim Grillen schnell aus.

Mit der richtigen Marinade erhält Ihr Grillgut erst den besonderen Pfiff. Hinzu kommt, dass man die Soße ganz nach seinem persönlichen Geschmack zusammenstellen kann. Hier sind der Kreativität und Fantasie keine Grenzen gesetzt.

Jedoch sollte man beim verwendeten Öl darauf achten, dass es hitzebeständig ist und hohe Temperaturen verträgt.

Dafür eignen sich gut:
Erdnussöl
Sojaöl
Avocadoöl
Rapsöl
Sesamöl
Sonnenblumenöl

Dips

Dips gehören einfach bei jedem Grillen dazu, und natürlich ist es ein besonderes Vergnügen, in selbst gemachte Dips zu tunken. Hier sind dem Experimentierfreudigen keine Grenzen gesetzt. Eigene Kreationen für neue Sorten können mehr Abwechslung auf den Tisch bringen, statt auf fertige Produkte zurückzugreifen. Meist ist es noch nicht einmal ein enormer Zeitaufwand, wenn man mal für seinen Geschmack etwas Besonderes zaubert.

Feta-Dip

Zutaten:

- 1 Knoblauchzehe
- 2 Schalotten
- 1 rote Paprika
- 100 g Fetakäse
- 100 g saure Sahne
- 50 g Creme fraiche
- 4 EL Milch
- 1 - 2 Spritzer Sambal Oelek
- 1 Prise Cayennepfeffer

Zubereitung:

Paprika schälen, Kerngehäuse entfernen und die Paprika dann in sehr kleine Würfel schneiden. Knoblauchzehe und Schalotten schälen und fein hacken. Fetakäse mit einer Gabel zerdrücken.

Alle Zutaten gut miteinander vermischen und mit Sambal Oelek und Cayennepfeffer würzen.

Walnuss-Dip

Zutaten:

- 1 rote Paprika
- 1 rote Chilischote
- 2 Knoblauchzehen
- 2 Zwiebeln
- 3 EL ganze Walnusskerne
- 1 TL gehackte Walnusskerne
- 2 - 3 EL Olivenöl
- 1 TL Koriandersamen
- 1 TL Salz
- 1 TL Kreuzkümmel
- 1 - 2 Prisen Cayennepfeffer

Zubereitung:

Paprika schälen, Kerngehäuse entfernen und die Paprika dann in Würfel schneiden. Chilischote waschen, längs aufschneiden, entkernen und in Würfel schneiden. Zwiebeln und Knoblauchzehen schälen und fein hacken. Alles zusammen vermengen.

Olivenöl, Koriandersamen, ganze Walnüsse sowie Gewürze zufügen und pürieren, sodass eine cremige Masse entsteht. Eventuell noch etwas Olivenöl hinzugeben. Dann mit dem Gemüse vermengen. Zum Schluss die gehackten Walnüsse unterheben.

Sesam-Dip

Zutaten:
- 1 - 2 EL frisch gehackte Petersilie
- 1 Knoblauchzehe
- 1 rote Chilischote
- 150 g Sesampaste
- 2 EL Creme fraiche
- 2 EL Wasser
- 2 EL Zitronensaft
- ½ TL Kreuzkümmel
- 1 - 2 Prisen Salz

Zubereitung:
Knoblauchzehe schälen und fein hacken. Chilischote waschen, längs aufschneiden, entkernen und in sehr kleine Würfel schneiden.

Knoblauch, Sesampaste, Creme fraiche, Wasser sowie Zitronensaft vermengen und pürieren. Chili und Petersilie unterheben und mit Salz sowie Kreuzkümmel würzen.

Honig-Chili-Dip

Zutaten:
- 1 Knoblauchzehe
- 1 Chilischote
- 100 ml flüssiger Honig
- 100 ml Tomatenketchup
- 1 EL Balsamicoessig
- 1 - 2 Spritzer Sambal Oelek
- ½ TL Currypulver
- 1 Prise Salz

Zubereitung:
Knoblauchzehe schälen und fein hacken. Chilischote waschen, längs aufschneiden, entkernen und in sehr kleine Würfel schneiden.

Honig, Tomatenketchup, Sambal Oelek und Balsamico verrühren. Knoblauch sowie Chili zufügen und gut miteinander vermischen. Mit Currypulver und Salz würzen.

Zitronen-Joghurt-Dip

Zutaten:
- 200 g Joghurt
- 2 EL frisch gehackte Petersilie
- Saft von einer Zitrone
- 1 EL Sonnenblumenöl
- 1 EL süßer Senf
- 1 - 2 Prisen Salz
- 2 - 3 Prisen Pfeffer

Zubereitung:
Joghurt mit dem Zitronensaft und Sonnenblumenöl cremig rühren. Petersilie sowie Senf unterheben und mit Salz sowie Pfeffer würzen.

Bananen-Curry-Dip

Zutaten:
- 1 Banane
- 2 EL Creme fraiche
- 150 Joghurt
- 1 TL Currypulver
- 1 Prise Salz

Zubereitung:
Die Banane zerdrücken und mit den restlichen Zutaten vermengen.

Schnittlauch-Dip

Zutaten:
- 100 g Creme fraiche
- 100 g Joghurt
- 2 EL frische Schnittlauchröllchen
- 1 EL Sonnenblumenöl
- 1 - 2 Prisen Knoblauchsalz
- 2 - 3 Prisen Zitronenpfeffer

Zubereitung:
Joghurt mit dem Sonnenblumenöl und Creme fraiche cremig rühren. Schnittlauchröllchen unterheben und mit Knoblauchsalz sowie Zitronenpfeffer würzen.

Avocado-Quark-Dip

Zutaten:
- 1 Avocado
- 200 g Quark
- 1 EL Zitronensaft
- 1 EL mittelscharfer Senf
- 1 - 2 Prisen Salz
- 2 - 3 Prisen Pfeffer

Zubereitung:
Avocado halbieren, den Kern entfernen und dann das Fruchtfleisch mit einem Löffel herauslösen. Zusammen mit dem Quark, Senf und Zitronensaft pürieren. Mit Salz und Pfeffer würzen.

Pfirsich-Curry-Dip

Zutaten:

- 200 g Pfirsiche (Dose)
- 200 g saure Sahne
- 1 TL Currypulver

Zubereitung:

Pfirsiche in einem Sieb abtropfen lassen. Zusammen mit der sauren Sahne pürieren. Mit Currypulver würzen.

Honig-Senf-Dip

Zutaten:

- 200 g saure Sahne
- 2 EL mittelscharfer Senf
- 2 EL flüssiger Honig
- 1 EL Olivenöl

Zubereitung:

Alle Zutaten miteinander verrühren.

Butter

Genussvolle und abwechslungsreiche Butter ist die perfekte Beilage, die bei keinem Grillabend fehlen darf. Es ist noch nicht einmal ein großer Zeitaufwand, und selbst gemacht schmeckt es sowieso am besten.

Knoblauch-Schnittlauch-Butter

Zutaten:

- 200 g weiche Butter
- 3 Knoblauchzehen
- 2 EL frische Schnittlauchröllchen
- 1 - 2 Prisen Salz

Zubereitung:

Knoblauch schälen und fein hacken. Dann zusammen mit den restlichen Zutaten vermengen. Die Masse zu einer Rolle formen und bis zum Verzehr kaltstellen.

Blumen-Butter

Zutaten:

- 2 EL frische essbare Wildblüten
- 200 g weiche Butter
- 1 Schalotte
- 1 Knoblauchzehe
- 1 TL Zitronensaft
- 1 EL Olivenöl
- ½ TL Knoblauchsalz
- 1 Prise Cayennepfeffer

Zubereitung:

Schalotte sowie Knoblauchzehe schälen und sehr fein hacken. Wildblüten säubern und mit den anderen Zutaten vermischen. Masse zu einer Rolle formen und bis zum Verzehr kaltstellen.

Honig-Butter

Zutaten:
- 200 g weiche Butter
- 2 EL flüssiger Honig
- 2 - 3 Prisen Currypulver
- 1 Prise Salz

Zubereitung:
Alle Zutaten gut miteinander verrühren. Die Masse zu einer Rolle formen und bis zum Verzehr kaltstellen.

Tomaten-Petersilien-Butter

Zutaten:
- 200 g weiche Butter
- 3 EL Tomatenmark
- 2 EL sehr fein gehackte frische Petersilie
- 1 - 2 Prisen Zucker
- 2 - 3 Prisen Knoblauchsalz

Zubereitung:
Alle Zutaten gut miteinander verrühren. Die Masse zu einer Rolle formen und bis zum Verzehr kaltstellen.

Preiselbeer-Butter

Zutaten:
- 200 g weiche Butter
- 50 g Preiselbeeren (Glas)
- 1 EL Agavendicksaft
- 1 EL mittelscharfer Senf
- 1 - 2 Prisen Salz

Zubereitung:
Alle Zutaten gut miteinander verrühren. Die Masse zu einer Rolle formen und bis zum Verzehr kaltstellen.

Curry-Petersilien-Butter

Zutaten:
- 200 g weiche Butter
- 2 EL frisch gehackte Petersilie
- 1 TL Currypulver
- 1 Prise Zucker

Zubereitung:
Alle Zutaten gut miteinander verrühren. Die Masse zu einer Rolle formen und bis zum Verzehr kaltstellen.

Wasabi-Butter

Zutaten:
- 200 g weiche Butter
- 2 Schalotten
- 2 TL Wasabipaste
- 1 EL Sojasoße

Zubereitung:
Schalotten schälen und sehr fein hacken. Dann zusammen mit den übrigen Zutaten verrühren. Die Masse zu einer Rolle formen und bis zum Verzehr kaltstellen.

Parmesan-Butter

Zutaten:
- 200 g weiche Butter
- 50 g geriebener Parmesan
- 1 EL süßer Senf
- 1 Prise Cayennepfeffer

Zubereitung:
Alle Zutaten gut miteinander verrühren. Die Masse zu einer Rolle formen und bis zum Verzehr kaltstellen.

Senf-Butter

Zutaten:
- 200 g weiche Butter
- 2 Schalotten
- 1 EL süßer Senf
- 1 Prise Pfeffer

Zubereitung:
Schalotten schälen und sehr fein hacken. Dann zusammen mit den übrigen Zutaten verrühren. Die Masse zu einer Rolle formen und bis zum Verzehr kaltstellen.

Maracuja-Butter

Zutaten:
- 6 Maracujas (Passionsfrucht)
- 3 Eier
- 100 g weiche Butter
- 2 EL Zucker
- 2 EL Vanillezucker
- 2 EL flüssiger Honig

Zubereitung:
Maracujas halbieren, Kerne und Fruchtfleisch herausschaben, in einen Rührbecher geben und pürieren. Dann das Püree durch ein feines Sieb streichen.

Püree mit Butter, Zucker, Vanillezucker und Honig in einem Topf bei mittlerer Hitze zum Kochen bringen und solange rühren, bis sich der Zucker aufgelöst hat. Von der Kochstelle nehmen und etwas abkühlen lassen.

Nacheinander die Eier unterrühren. Püree wieder erhitzen und bei schwacher Hitze unter Rühren ca. 10 Minuten köcheln lassen, bis die Masse dick wird. Dann in eine Schüssel geben und im Kühlschrank fest werden lassen.

Salat

Knackig, bunt und vitaminreich. Was will man mehr? Auch hier sind der Fantasie keine Grenzen gesetzt. Und besonders beim Grillen darf ein leckerer Salat nicht fehlen.

Mais-Paprika-Salat

Zutaten für den Salat:
- je 1 rote, grüne und gelbe Paprika
- 2 rote Zwiebeln
- 100 g Mais (Dose)
- 2 EL frisch gehackte Petersilie

Zutaten für das Dressing:
- 2 EL Olivenöl
- 2 EL Zitronensaft
- 1 - 2 Prisen Salz
- 2 - 3 Prisen Pfeffer

Zubereitung:
Paprika schälen, Kerngehäuse entfernen und die Paprika in mundgerechte Stücke schneiden. Zwiebeln schälen und in halbe Ringe schneiden. Mais in einem Sieb abtropfen lassen. Alles zusammen mit der Petersilie in einer Schüssel vermengen.

Zutaten für das Dressing verrühren.

Salat auf Tellern anrichten und mit dem Dressing beträufeln.

Schlangengurke-Mandarinen-Salat

Zutaten für den Salat:
♦ 2 Schlangengurken
♦ 200 g Mandarinen (Dose)

Zutaten für das Dressing:
♦ 3 EL Orangensaft
♦ 2 EL Olivenöl
♦ 1 TL süßer Senf
♦ 1 - 2 Prisen Pfeffer

Zubereitung:
Schlangengurken schälen, halbieren, Kerne entfernen und die Gurke in Scheiben schneiden. Mandarinen in einem Sieb abtropfen lassen. Alles zusammen in einer Schüssel vermengen.

Zutaten für das Dressing verrühren und mit dem Salat vermischen.

Brot-Feta-Salat

Zutaten für den Salat:
- 200 g Toastbrot
- 100 g Rucola
- 100 g gelbe Cocktailtomaten
- 200 g Fetakäse
- 2 EL Sonnenblumenkerne

Zutaten für das Dressing:
- 4 EL Olivenöl
- 2 EL Agavendicksaft
- 1 EL Limettensaft
- 1 - 2 Prisen Salz
- 2 - 3 Prisen Pfeffer

Zubereitung:
Rucola waschen und etwas auseinanderzupfen: Cocktailtomaten waschen und halbieren. Fetakäse zerbröckeln. Alles zusammen in einer Schüssel vermengen.

Die Rinde vom Toastbrot abschneiden. Den Toast würfeln und zusammen mit den Sonnenblumenkernen ohne Zugabe von Fett in einer Pfanne rösten.

Zutaten für das Dressing verrühren und mit dem Salat vermischen.

Salat auf Tellern anrichten und mit den Brotwürfeln und Sonnenblumenkernen bestreut servieren.

Apfel-Lauch-Salat

Zutaten für den Salat:

♦ 2 Stangen Lauch
♦ 4 Äpfel
♦ 100 g Emmentaler
♦ 1 EL Limettensaft

Zutaten für das Dressing:

♦ 2 EL Sojasahne
♦ 2 EL Rapsöl
♦ 2 EL flüssiger Honig
♦ 1 - 2 Prisen Salz
♦ 2 - 3 Prisen Pfeffer

Zubereitung:

Lauch putzen und in feine Ringe schneiden. Äpfel waschen, vierteln und das Kerngehäuse entfernen. Die Äpfel würfeln und mit Limettensaft beträufeln. Emmentaler ebenfalls würfeln. Alles zusammen in einer Schüssel vermengen.

Zutaten für das Dressing verrühren und mit dem Salat vermischen.

Avocado-Salat

Zutaten für den Salat:

♦ 1 Mango
♦ 1 Avocado
♦ 2 rote Paprika
♦ 2 EL Limettensaft

Zutaten für das Dressing:

♦ 1 EL Tomatenketchup
♦ 2 EL flüssige Sahne
♦ 2 EL Rapsöl
♦ 1 - 2 Prisen Salz
♦ 2 - 3 Prisen Pfeffer

Zubereitung:

Mango und Avocado schälen, halbieren, den Kern entfernen, das Fruchtfleisch in Würfel schneiden und sofort mit Limettensaft beträufeln. Paprika schälen, Kerngehäuse entfernen und die Paprika in Streifen schneiden. Alles zusammen in einer Schüssel vermengen.

Zutaten für das Dressing verrühren und mit dem Salat vermischen.

Tomaten-Salat

Zutaten für den Salat:

- 200 g Cocktailtomaten
- 50 g Pinienkerne
- 10 Frühlingszwiebeln
- 100 g Fetakäse

Zutaten für das Dressing:

- 1 EL mittelscharfer Senf
- 2 EL Olivenöl
- 2 EL Apfelessig
- 1 EL Honig
- 1 - 2 Prisen Salz
- 1 - 2 Prisen Pfeffer

Zubereitung:

Tomaten waschen und halbieren. Frühlingszwiebeln putzen und in Ringe schneiden. Fetakäse würfeln. Alles zusammen in einer Schüssel vermengen. Pinienkerne ohne Zugabe von Fett in einer Pfanne rösten.

Zutaten für das Dressing verrühren und mit dem Salat vermischen.

Salat auf Tellern anrichten und mit Pinienkernen bestreut servieren.

Rucola-Möhren-Salat

Zutaten für den Salat:
- 150 g Rucola
- 100 g Möhren
- 1 rote Zwiebel

Zutaten für das Dressing:
- 3 EL Zitronensaft
- 3 EL Walnussöl
- 1 - 2 Prisen Salz
- 2 - 3 Prisen Zitronenpfeffer

Zubereitung:
Rucola waschen und etwas auseinanderzupfen. Möhren schälen und raspeln. Zwiebel schälen und in halbe Ringe schneiden. Alles zusammen in einer Schüssel vermengen.

Zutaten für das Dressing verrühren und mit dem Salat vermischen.

Rettich-Paprika-Salat

Zutaten für den Salat:
- 2 gelbe Paprika
- 1 rote Zwiebel
- 100 g Rettich
- ¼ Bund Radieschen
- 1 EL frisch gehackte Petersilie

Zutaten für das Dressing:
- 1 TL scharfer Senf
- 1 - 2 TL Balsamico Essig
- 2 - 3 EL Sonnenblumenöl
- 2 - 3 Spritzer Tabasco
- ½ TL Currypulver
- 1 - 2 Prisen Paprikapulver (scharf)
- 1 - 2 Prisen Salz
- 1 - 2 Prisen Pfeffer

Zubereitung:
Paprika schälen, Kerngehäuse entfernen und die Paprika in Streifen schneiden. Zwiebel schälen und in Ringe schneiden. Rettich schälen und in dünne Scheiben hobeln. Radieschen waschen, putzen und ebenfalls in dünne Scheiben schneiden. Dann alles zusammen in einer Schüssel vermischen.

Alle Zutaten für das Dressing verrühren, über den Salat träufeln und mit Petersilie bestreuen.

Nektarinensalat

Zutaten für den Salat:
- 1 Lollo Rosso
- 1 Schlangengurke
- 1 rote Zwiebel
- 3 Nektarinen

Zutaten für das Dressing:
- 2 EL Balsamicoessig
- 3 EL Olivenöl
- ½ TL mittelscharfer Senf
- 1 - 2 Prisen Salz
- 2 - 3 Pfeffer

Zubereitung:
Lollo Rosso waschen und in mundgerechte Stücke zupfen. Schlangengurke schälen, die Kerne entfernen und die Gurke in Scheiben schneiden. Zwiebel schälen und in dünne Ringe schneiden. Nektarinen waschen, halbieren, Kern entfernen und das Fruchtfleisch in Würfel schneiden. Alles zusammen in einer Schüssel vermengen.

Zutaten für das Dressing verrühren und mit dem Salat vermischen.

Bunter Nudelsalat

Zutaten für den Salat:
♦ 100 g Nudeln
♦ 3 Frühlingszwiebeln
♦ 1 rote Paprika
♦ ½ Schlangengurke
♦ 100 g Mais (Dose)

Zutaten für das Dressing:
♦ 1 EL frisch gehackte Petersilie
♦ 2 EL Zitronensaft
♦ 3 EL Olivenöl
♦ 1 TL mittelscharfer Senf
♦ 1 TL flüssiger Honig
♦ 1 - 2 Prisen Salz
♦ 1 - 2 Prisen Pfeffer

Zubereitung:
Nudeln nach Packungsangabe zubereiten.

Frühlingszwiebeln putzen und in Ringe schneiden. Paprika schälen, Kerngehäuse entfernen und die Paprika in Würfel schneiden. Schlangengurke schälen, halbieren, die Kerne entfernen und die Gurke in dünne Spalten schneiden. Mais in einem Sieb abtropfen lassen. Alles zusammen mit den Nudeln in einer Schüssel vermengen.

Die Zutaten für das Dressing verrühren, mit dem Salat vermischen und alles etwa 1 Stunde ziehen lassen.

Nacho-Salat

Zutaten für den Salat:
- 150 g Eisbergsalat
- 1 rote Paprika
- 1 rote Zwiebel
- 1 Möhre
- 100 g Mais (Dose)
- 100 g Kidneybohnen (Dose)
- 150 g Käsenachos

Zutaten für das Dressing:
- 2 EL Olivenöl
- 2 EL Zitronensaft
- 2 EL Tomatenketchup
- 1 - 2 Prisen Salz
- 1 - 2 Prisen Pfeffer

Zubereitung:
Eisbergsalat in mundgerechte Stücke schneiden. Paprika schälen, Kerngehäuse entfernen und die Paprika in Streifen schneiden.

Zwiebel schälen, halbieren und in Ringe schneiden. Möhre schälen und raspeln. Mais und Kidneybohnen in einem Sieb abtropfen lassen. Alles zusammen in einer Schüssel vermengen.

Zutaten für das Dressing verrühren und mit dem Salat vermischen.

Salat auf Tellern anrichten. Die Nachos in der Tüte etwas zerbröseln und über den Salat streuen.

Käse

Egal ob aus der Hand, aufs Brot, als Snack oder auf dem Grill. Käse gibt unserem Essen immer eine ganz besondere Note und erweist sich als ein wahres Allroundtalent.

Erdbeer-Feta-Spieß

Zutaten:
- 200 g Erdbeeren
- 200 g Fetakäse
- 2 EL Balsamicoessig
- 2 EL Orangensaft
- 2 EL Zucker
- 2 EL Rapsöl
- Holzspieße
- Grillschale

Zubereitung:
Balsamicoessig, Orangensaft und Zucker verrühren.

Erdbeeren waschen und das Grün entfernen. Nun die Erdbeeren in die Marinade legen und dort etwa ½ Stunde ziehen lassen.

Fetakäse in mundgerechte Würfel schneiden. Abwechselnd mit den Erdbeeren auf die Holzspieße stecken. Dann die Spieße nochmals mit der übrig gebliebenen Marinade bestreichen.

Die Grillschale mit Rapsöl auspinseln und die Erdbeer-Feta-Spieße hineinlegen. Die Schale auf den heißen Grill legen und die Spieße darin unter mehrmaligem Wenden etwa 10 Minuten grillen.

Halloumi-Spieß

Zutaten:

- 150 g Halloumi
- 100 g Cocktailtomaten
- 100 g Frühlingszwiebeln
- 3 Sojasoße
- 3 EL Zitronensaft
- 3 EL flüssiger Honig
- 1 EL Ingwerpulver
- 2 EL Sonnenblumenöl
- Holzspieße
- Grillschale

Zubereitung:

Sojasoße, Zitronensaft, Honig und Ingwerpulver verrühren.

Halloumi in mundgerechte Würfel schneiden. Cocktailtomaten waschen. Frühlingszwiebeln putzen und in ca. 4 - 5 cm lange Stücke schneiden. Abwechselnd auf die Holzspieße stecken.

Die Spieße in die Marinade legen und dort zugedeckt etwa 2 Stunden ziehen lassen.

Die Grillschale mit Sonnenblumenöl auspinseln und die Halloumispieße hineinlegen. Die Schale auf den heißen Grill legen und die Spieße darin unter mehrmaligem Wenden etwa 10 - 12 Minuten grillen.

Mozzarella-Polenta-Spieß

Zutaten:
- 150 g Polenta
- 50 g Möhren
- 50 g geriebener Bergkäse
- 250 ml Milch
- 250 ml Wasser
- 250 g Mini-Mozzarellakugeln
- 6 EL Rapsöl
- 2 - 3 Prisen Pfeffer
- Holzspieße
- Grillschale

Zubereitung:
Möhren schälen und fein reiben.

Wasser und Milch in einem Topf zum Kochen bringen. Polenta unter ständigem Rühren einstreuen und aufkochen lassen. Bergkäse und Möhren unterheben. Topf vom Herd nehmen und ca. 5 Minuten quellen lassen.

Eine kleine Kastenform kalt ausspülen und die Masse einfüllen. Polenta etwa 30 Minuten kaltstellen. Dann aus der Form stürzen, in mundgerechte Würfel schneiden und mit den Mozzarellakugeln abwechselnd auf die Holzspieße stecken.

4 EL Rapsöl mit Pfeffer vermengen und die Polentaspieße damit bestreichen.

Die Grillschale mit dem restlichen Rapsöl auspinseln und die Polentaspieße hineinlegen. Die Schale auf den heißen Grill legen und die Spieße darin unter mehrmaligem Wenden solange grillen, bis die Polenta goldgelb ist.

Honig-Ziegenkäse

Zutaten:
- ◆ 4 kleine runde Ziegenkäse
- ◆ 4 TL flüssiger Ahornsirup
- ◆ 2 - 3 Prisen Pfeffer
- ◆ 2 EL Sonnenblumenöl
- ◆ 1 Grillschale

Zubereitung:
Auf jeden Ziegenkäse 1 TL Ahornsirup geben. Dann mit Pfeffer würzen.

Die Grillschale mit Sonnenblumenöl auspinseln und den Käse hineinlegen. Die Schale auf den heißen Grill legen und den Käse darin solange grillen, bis er anfängt zu zerlaufen.

Käse-Sandwich

Zutaten:

- ♦ 8 Scheiben Toastbrot
- ♦ 2 Tomaten
- ♦ 4 Scheiben Racelettekäse
- ♦ 200 g Kräuterbutter
- ♦ 4 EL frisch gehackte Petersilie
- ♦ 1 - 2 Prisen Pfeffer
- ♦ 2 EL Sonnenblumenöl
- ♦ Grillschale

Zubereitung:

Die Toastbrotscheiben jeweils von einer Seite dick mit Kräuterbutter besteichen.

Tomaten waschen und in Scheiben schneiden.

4 Scheiben mit Tomaten und Petersilie belegen. Etwas pfeffern. Racelettekäse darauflegen. Nun nochmal Tomaten und Petersilie und mit einer Toastbrotscheibe abschließen. Alles etwas zusammendrücken.

Die Grillschale mit Sonnenblumenöl auspinseln und die Sandwichs hineinlegen. Die Schale auf den heißen Grill legen und solange grillen, bis das Brot von beiden Seiten kross und der Käse etwas zerlaufen ist.

Gemüse

Gemüse muss man einfach lieben und es ist weitaus mehr als nur eine Beilage. Es fordert die Sinne heraus und schmeckt so wunderbar vielfältig. Auch vom Grill ein wahrer Gaumenschmaus.

Zucchinischeiben

Zutaten:

- 200 g Zucchini
- 2 Knoblauchzehen
- 3 EL Limettensaft
- 3 EL Sojasoße
- 1 EL mittelscharfer Senf
- 1 Knoblauchzehe
- 2 EL Sojaöl
- Grillschale

Zubereitung:

Knoblauchzehen schälen und fein hacken. Dann mit Limettensaft, Sojasoße und Senf verrühren.

Zucchini waschen, in 1 cm dicke Scheiben schneiden, in die Marinade legen und dort zugedeckt 1 Stunden ziehen lassen.

Die Grillschale mit Sojaöl auspinseln und die Zucchinischeiben hineinlegen. Die Schale auf den heißen Grill legen und die Zucchini darin unter mehrmaligem Wenden etwa 8 Minuten grillen.

Süßkartoffelscheiben

Zutaten:
- 200 g Süßkartoffeln
- 4 EL Erdnussöl
- 4 EL Limettensaft
- 1 TL Paprikapulver (süß)
- 2 EL Sonnenblumenöl
- Grillschale

Zubereitung:
Erdnussöl, Limettensaft und Paprikapulver verrühren.

Süßkartoffeln schälen und in 1 cm dicke Scheiben schneiden. Mit der Marinade großzügig von beiden Seiten bestreichen und etwa 1 Stunde zugedeckt ziehen lassen.

Die Grillschale mit Sonnenblumenöl auspinseln und die Süßkartoffelscheiben hineinlegen. Die Schale auf den heißen Grill legen und die Kartoffeln darin unter mehrmaligem Wenden etwa 15 - 20 Minuten grillen. Darauf achten, dass die Hitze nicht zu stark ist, da die Süßkartoffelscheiben sonst verbrennen und innen roh bleiben.

Gemüse-Spieß

Zutaten:
- 100 g Zucchini
- 100 g Frühlingszwiebeln
- 100 g Minimaiskolben (Glas)
- 2 gelbe Paprika
- 3 EL Sojasoße
- 5 EL Avocadoöl
- 1 - 2 Prisen Ingwerpulver
- 1 - 2 Prisen Kräutersalz
- 1 - 2 Prisen Pfeffer
- Holzspieße
- Grillschale

Zubereitung:
Sojasoße, 3 EL Avocadoöl, Ingwerpulver, Kräutersalz und Pfeffer verrühren.

Zucchini waschen und in 1 cm dicke Scheiben schneiden. Frühlingszwiebeln putzen und in ca. 4 - 5 cm lange Stücke schneiden. Paprika schälen, Kerngehäuse entfernen und die Paprika in mundgerechte Stücke schneiden. Minimaiskolben in einem Sieb abtropfen lassen.

Das Gemüse abwechselnd auf die Holzspieße stecken, in die Marinade legen und dort zugedeckt etwa 1 Stunden ziehen lassen.

Die Grillschale mit dem restlichen Avocadoöl auspinseln und die Gemüsespieße hineinlegen. Die Schale auf den heißen Grill legen und das Gemüse darin unter mehrmaligem Wenden ca. 10 Minuten grillen.

Grüner Spargel

Zutaten:

♦ 250 g grüner Spargel
♦ Saft einer Zitrone
♦ 6 EL Erdnussöl
♦ 1 - 2 Prisen Kräutersalz
♦ 2 - 3 Prisen roter Pfeffer
♦ Grillschale

Zubereitung:

Zitronensaft, 4 EL Erdnussöl, Kräutersalz und Pfeffer verrühren.

Spargel waschen, die holzigen Enden abschneiden, Spargelstangen in die Marinade legen und dort zugedeckt 2 Stunden ziehen lassen.

Grillschale mit dem restlichen Rapsöl auspinseln und den Spargel hineinlegen. Die Schale auf den heißen Grill legen und den Spargel darin unter mehrmaligem Wenden etwa 10 - 12 Minuten grillen.

Honig-Zwiebeln

Zutaten:
- 6 große rote Zwiebeln
- 1 EL flüssiger Honig
- 6 EL Sojaöl
- 1 - 2 Prisen Pfeffer
- Grillschale

Zubereitung:
4 EL Sojaöl, Honig und Pfeffer verrühren.

Zwiebeln schälen, in 1 cm dicke Scheiben schneiden, in die Marinade legen und dort zugedeckt eine Stunde ziehen lassen.

Die Grillschale mit dem restlichen Sojaöl auspinseln und die Zwiebeln hineinlegen. Die Schale auf den heißen Grill legen und die Zwiebeln darin von beiden Seiten etwa 2 Minuten grillen.

Auberginenscheiben

Zutaten:

- 200 g Auberginen
- 2 EL Zitronensaft
- 1 EL Balsamicoessig
- 3 EL Rapsöl
- 1 EL Salz
- 1 - 2 Prisen Kräutersalz
- 2 - 3 Prisen Pfeffer
- Grillschale

Zubereitung:

Zitronensaft, Balsamicoessig, Rapsöl, Kräutersalz und Pfeffer verrühren.

Aubergine waschen, die Stängel abschneiden und in 1 cm dicke Scheiben schneiden. Die Scheiben mit Salz einreiben und ½ Stunde ziehen lassen. Danach das Salz abwaschen, die Scheiben trockentupfen und großzügig mit der Marinade bestreichen.

Die Auberginenscheiben mit der übrig gebliebenen Marinade in die Grillschale legen. Die Schale auf den heißen Grill legen und die Auberginen darin etwa 10 Minuten grillen. Einmal wenden.

Kartoffelspalten

Zutaten:

- 200 g Kartoffeln
- 1 Knoblauchzehe
- 5 EL Erdnussöl
- 1 - 2 Prisen Salz
- 2 - 3 Prisen Pfeffer
- Grillschale

Zubereitung:

Knoblauchzehe schälen und fein hacken. Dann zusammen mit dem Erdnussöl, Salz und Pfeffer verrühren.

Die Schale der Kartoffeln abbürsten und die Kartoffeln mit Schale 10 Minuten vorkochen. Nach dem Abkühlen in Spalten schneiden.

Die Kartoffelspalten mit der Marinade bestreichen und in die Grillschale legen. Die Schale auf den heißen Grill legen und die Kartoffeln darin unter mehrmaligem Wenden etwa 10 - 15 Minuten grillen. Zwischendurch immer wieder mit Marinade bestreichen.

Fenchelspalten

Zutaten:

- 200 g Fenchel
- 4 EL Sojaöl
- 3 EL Orangensaft
- 1 EL frische Schnittlauchröllchen
- 1 - 2 Prisen Salz
- 2 - 3 Prisen Zitronenpfeffer
- Grillschale

Zubereitung:

Sojaöl, Orangensaft, Schnittlauchröllchen, Salz und Zitronenpfeffer verrühren.

Fenchel putzen, halbieren, in Spalten schneiden, in die Marinade legen und dort zugedeckt ½ Stunde ziehen lassen.

Die Fenchelspalten in die Grillschale legen. Die Schale auf den heißen Grill legen und die Fenchelspalten darin unter mehrmaligem Wenden etwa 10 Minuten grillen. Zwischendurch immer wieder mit der Marinade bestreichen.

Selleriescheiben

Zutaten:

- 300 g Sellerie
- 1 EL frisch gehackte Kräuter
- 1 EL Worcestersoße
- 4 EL Sojaöl
- 1 TL Gemüsebrühe (Instant)
- 1 - 2 Prisen Kräutersalz
- 2 - 3 Prisen Pfeffer
- 2 EL Sonnenblumenöl
- Grillschale

Zubereitung:

Kräuter, Worcestersoße, Sojaöl, Kräutersalz und Pfeffer verrühren.

Sellerie schälen und in 1 cm dicke Scheiben schneiden. Gemüsebrühe in kochendem Wasser auflösen und die Selleriescheiben darin 5 Minuten vorgaren. In einem Sieb abtropfen lassen, in die Marinade legen und dort ½ Stunde ziehen lassen.

Die Grillschale mit Sonnenblumenöl auspinseln und die Selleriescheiben hineinlegen. Die Schale auf den heißen Grill legen und den Sellerie darin von beiden Seiten etwa 4 Minuten grillen.

Gefüllte Champignons

Zutaten:

- 6 Riesenchampignons
- 3 Schalotten
- 2 rote Paprika
- 100 g Bergkäse
- 1 EL Tomatenketchup
- 1 - 2 Prisen Kräutersalz
- 2 - 3 Prisen Pfeffer
- 8 EL Sonnenblumenöl
- Grillschale

Zubereitung:

Champignons putzen und die Stiele herausdrehen.

Schalotten schälen und fein hacken. Paprika schälen, Kerngehäuse entfernen und die Paprika in sehr kleine Würfel schneiden. Bergkäse reiben. Alles zusammen mit dem Tomatenketchup vermengen. Mit Kräutersalz und Pfeffer würzen.

Die Außenseite der Pilze großzügig mit 6 EL Sonnenblumenöl bestreichen. Dann die Champignons mit der Gemüse-Käse-Masse füllen.

Die Grillschale mit dem restlichen Sonnenblumenöl auspinseln und die Champignons hineinlegen. Die Schale auf den heißen Grill legen und die Champignons darin etwa 15 - 20 Minuten grillen.

Kartoffel-Frühlingszwiebeln-Spieß

Zutaten:

- 200 g Kartoffeln
- 200 g Frühlingszwiebeln
- 1 - 2 Prisen Salz
- 2 - 3 Prisen Cayennepfeffer
- 6 EL Sojaöl
- Holzspieße
- Grillschale

Zubereitung:

Sojaöl mit Salz und Cayennepfeffer verrühren.

Die Schale der Kartoffeln abbürsten und die Kartoffeln mit Schale 10 Minuten vorkochen. Nach dem Abkühlen in nicht zu dünne Scheiben schneiden.

Frühlingszwiebeln putzen und in ca. 4 - 5 cm lange Stücke schneiden. Abwechselnd mit den Kartoffeln auf die Holzspieße stecken und großzügig mit der Marinade bestreichen.

Die Spieße mit der übrig gebliebenen Marinade in die Grillschale legen. Die Schale auf den heißen Grill legen und die Spieße darin unter mehrmaligem Wenden etwa 10 Minuten grillen.

Brokkoli-Polenta-Spieß

Zutaten:

- 300 g Brokkoli
- 150 g Polenta
- 40 g Parmesan
- 40 g Fetakäse
- 250 ml Milch
- 250 ml Wasser
- 1 TL Gemüsebrühe (Instant)
- 2 EL Zitronensaft
- 2 EL Erdnussöl
- 1 EL Tomatenmark
- 1 - 2 Prisen Salz
- 2 - 3 Prisen Cayennepfeffer
- Grillschale

Zubereitung:

Zitronensaft, Erdnussöl, Tomatenmark, Salz und Cayennepfeffer verrühren.

Brokkoli putzen und in kleine Röschen teilen. Gemüsebrühe in kochendem Wasser auflösen und den Brokkoli darin ca. 10 Minuten garen.

Wasser und Milch in einem Topf zum Kochen bringen. Polenta unter ständigem Rühren einstreuen und aufkochen lassen.

Parmesankäse reiben und Fetakäse zerbröckeln. Beides unter die Polentamasse heben. Topf vom Herd nehmen und die Polenta ca. 5 Minuten quellen lassen.

Eine kleine Kastenform kalt ausspülen, die Polenta einfüllen und ca. 30 Minuten kalt stellen. Dann aus der Form stürzen und in mundgerechte Würfel schneiden.

Abwechselnd Brokkoli und Polenta auf die Holzspieße stecken. Spieße in die Marinade legen und dort 30 Minuten ziehen lassen.

Die Spieße mit der übrig gebliebenen Marinade in die Grillschale legen. Die Schale auf den heißen Grill legen und die Spieße darin unter mehrmaligem Wenden etwa 10 Minuten grillen.

Frühlingszwiebeln-Ananas-Spieß

Zutaten:
- 400 g Frühlingszwiebeln
- 400 g frische Ananas
- 100 g Minimaiskolben (Glas)
- 3 EL Erdnussöl
- 2 EL Zitronensaft
- 1 EL Agavendicksaft
- 1 - 2 Prisen Kräutersalz
- 1 - 2 Prisen Pfeffer
- Holzspieße
- Grillschale

Zubereitung:
Erdnussöl, Zitronensaft, Agavendicksaft, Kräutersalz und Pfeffer verrühren.

Strunk, Boden und Schale der Ananas entfernen. Dann das Fruchtfleisch in mundgerechte Stücke schneiden.

Minimaiskolben in einem Sieb abtropfen lassen.

Frühlingszwiebeln putzen und in ca. 4 - 5 cm lange Stücke schneiden.

Abwechselnd mit der Ananas und Minimaiskolben auf die Holzspieße stecken. Spieße in die Marinade legen und dort 30 Minuten ziehen lassen.

Die Spieße in die Grillschale legen. Die Schale auf den heißen Grill legen und die Spieße darin unter mehrmaligem Wenden etwa 10 Minuten grillen.

Apfel-Bällchen-Spieß

Zutaten:
- 200 g vegetarische Hackbällchen
- 200 g Äpfel
- 100 g Frühlingszwiebeln
- Saft einer Zitrone
- 1 Knoblauchzehe
- 2 EL flüssiger Honig
- 3 EL Sesamöl
- 3 EL Sojasoße
- 1 - 2 Prisen Pfeffer
- Holzspieße
- Grillschale

Zubereitung:
Knoblauchzehe schälen und fein hacken. Dann mit Honig, Sesamöl und Sojasoße verrühren.

Äpfel waschen, trockentupfen, vierteln, Kerngehäuse entfernen und in mundgerechte Stücke schneiden. Sofort mit dem Zitronensaft beträufeln.

Frühlingszwiebeln putzen und in ca. 4 - 5 cm lange Stücke schneiden. Zusammen mit dem Apfel und Hackbällchen auf die Holzspieße stecken. Spieße in die Marinade legen und dort zugedeckt 30 Minuten ziehen lassen.

Spieße mit der Marinade in die Grillschale legen. Die Schale auf den heißen Grill legen und die Spieße darin unter mehrmaligem Wenden etwa 15 Minuten grillen.

Burger, Bratlinge und Co.

Burger, Bratlinge und Co. sind vom Grillrost nicht mehr wegzudenken. Und, wenn man sie selbst zubereitet und nicht auf ein Fertigprodukt zugegriffen hat, ein besonderes Geschmackserlebnis.

Bohnen-Bratling

Zutaten:

- 150 g Kidneybohnen (Dose)
- 1 rote Paprika
- 2 Schalotten
- 1 Knoblauchzehe
- 2 EL Tomatenmark
- 2 Eier
- 150 g Paniermehl
- 1 - 2 Prisen Kräutersalz
- 1 - 2 Prisen Cayennepfeffer
- 6 EL Rapsöl
- Grillschale

Zubereitung:

Kidneybohnen in einem Sieb abtropfen lassen, dann pürieren.

Paprika schälen, Kerngehäuse entfernen und die Paprika in kleine Würfel schneiden. Schalotten und Knoblauchzehe schälen und fein hacken. Dann zusammen mit den Kidneybohnen, Tomatenmark, Eiern, Paniermehl, Kräutersalz und Cayennepfeffer vermengen. Bratlinge daraus formen und mit 4 EL Rapsöl von beiden Seiten bepinseln.

Die Grillschale mit dem restlichen Rapsöl auspinseln und die Bohnen-Bratlinge hineinlegen. Die Schale auf den heißen Grill legen und die Bratlinge darin unter mehrmaligem Wenden solange grillen, bis sie goldbraun sind.

Reis-Haselnuss-Bratling

Zutaten:

- 250 g Reis (Beutel)
- 1 Zwiebel
- 2 EL gehackte Haselnüsse
- 2 Eier
- 150 g Paniermehl
- 1 Spritzer Tabasco
- 1 - 2 Prisen Salz
- 2 - 3 Prisen Pfeffer
- 6 EL Erdnussöl
- Grillschale

Zubereitung:

Reis nach Packungsangabe zubereiten und abkühlen lassen.

Zwiebel schälen und fein hacken. Dann zusammen mit dem Reis, Haselnüssen, Eiern, Paniermehl, Tabasco, Salz und Pfeffer vermengen. Bratlinge daraus formen und mit 4 EL Erdnussöl von beiden Seiten bepinseln.

Die Grillschale mit dem restlichen Erdnussöl auspinseln und die Reis-Haselnuss-Bratlinge hineinlegen. Die Schale auf den heißen Grill legen und die Bratlinge darin unter mehrmaligem Wenden 6 - 7 Minuten grillen.

Kichererbsen-Burger

Zutaten:

- ◆ 200 Kichererbsen (Dose)
- ◆ 2 Schalotten
- ◆ 1 EL frisch gehackte Petersilie
- ◆ 100 g Quark
- ◆ 2 Eier
- ◆ 150 g Paniermehl
- ◆ 1 - 2 Prisen Salz
- ◆ 2 - 3 Prisen Pfeffer
- ◆ 6 EL Sojaöl
- ◆ Grillschale

Zubereitung:

Kichererbsen in einem Sieb abtropfen lassen. Dann zusammen mit dem Quark nicht zu fein pürieren.

Schalotten schälen und fein hacken. Dann zusammen mit der Petersilie, Eiern, Paniermehl, Kichererbsenmasse, Salz und Pfeffer vermengen. Bratlinge daraus formen und mit 4 EL Sojaöl von beiden Seiten bepinseln.

Die Grillschale mit dem restlichen Sojaöl auspinseln und die Kichererbsen-Burger hineinlegen. Die Schale auf den heißen Grill legen und die Burger darin unter mehrmaligem Wenden 8 Minuten grillen.

Grünkern-Bratling

Zutaten:

- 200 g geschroteten Grünkern
- 1 Knoblauchzehe
- 2 Schalotten
- 2 Eier
- 150 g Paniermehl
- 1 EL süßer Senf
- 1 - 2 Prisen Salz
- 2 - 3 Prisen Pfeffer
- 400 ml Gemüsebrühe
- 6 EL Erdnussöl
- Grillschale

Zubereitung:

Grünkern in Gemüsebrühe etwa 15 Minuten kochen. Dann ausquellen und abtropfen lassen.

Knoblauchzehe sowie Schalotten schälen und fein würfeln. Mit dem Grünkern, Eiern, Senf, Paniermehl, Salz und Pfeffer vermengen. Aus der Masse Bratlinge formen. Diese mit 4 EL Erdnussöl bestreichen.

Die Grillschale mit dem restlichen Erdnussöl auspinseln und die Grünkern-Bratlinge hineinlegen. Die Schale auf den heißen Grill legen und die Bratlinge darin unter mehrmaligem Wenden 15 Minuten grillen.

Hüttenkäse-Paprika-Bratling

Zutaten:

- 100 g rote Paprika
- 150 g Hüttenkäse
- 1 rote Zwiebel
- 2 EL frisch gehackte Petersilie
- 2 Eier
- 150 g Paniermehl
- 1 - 2 Prisen Salz
- 2 - 3 Prisen Pfeffer
- 4 EL Sojaöl
- Grillschale

Zubereitung:

Paprika schälen, Kerngehäuse entfernen und die Paprika in sehr kleine Würfel schneiden.

Zwiebel schälen und fein hacken. Dann zusammen mit der Paprika, Hüttenkäse, Petersilie, Eiern, Paniermehl, Salz und Pfeffer vermengen.

Aus der Masse Bratlinge formen. Sollte sie zu weich sein, noch etwas Paniermehl zufügen.

Die Grillschale mit Sojaöl auspinseln und die Hüttenkäse-Paprika-Bratlinge hineinlegen. Die Schale auf den heißen Grill legen und die Bratlinge darin von jeder Seite etwa 7 - 8 Minuten grillen.

Buchweizenküchlein

Zutaten:

♦ 150 g Buchweizen
♦ 2 Schalotten
♦ 2 EL frisch gehackte Petersilie
♦ 2 Eier
♦ 150 g Paniermehl
♦ 4 EL Rapsöl
♦ 1 - 2 Prisen Paprikapulver
♦ 1 - 2 Prisen Kräutersalz
♦ 2 - 3 Prisen Pfeffer
♦ Grillschale

Zubereitung:

Rapsöl, Paprikapulver, Kräutersalz und Pfeffer verrühren.

Den Buchweizen nach Packungsangabe zubereiten.

Schalotten schälen und in feine Würfel hacken. Dann zusammen mit Petersilie, Buchweizen, Eiern und Paniermehl vermengen.

Mit feuchten Händen aus der Masse Küchlein formen und diese von beiden Seiten großzügig mit der Marinade bestreichen.

Die Küchlein mit der restlichen Marinade in die Grillschale legen. Die Schale auf den heißen Grill legen und die Küchlein darin unter mehrmaligem Wenden 10 - 12 Minuten grillen.

Tofu und Co.

Tofu wird aus Sojabohnen bzw. Sojamilch hergestellt, die mit einem Gerinnungsmittel versetzt werden. Er ist ein unglaublich abwechslungsreiches Lebensmittel. Wegen seines neutralen Eigengeschmacks kann er vielseitig für fast alle Speisen wie Hauptgerichte bis zum Nachtisch verwendet werden.

Tempeh kommt aus Asien und besteht genau wie Tofu aus Sojabohnen. Nur die Herstellung ist anders. Hier werden die ganzen Sojabohnen fermentiert. Im Gegensatz zu Tofu, der aus geronnener Sojamilch gewonnen wird, werden bei der Herstellung von Tempeh die ganzen Sojabohnen fermentiert.

Seitan ist auch ein Fleischersatz und kommt aus Japan und China. Er besteht aus Weizeneiweiß (Gluten). Seitan kann man in ganz unterschiedlichen Varianten in Biomärkten erwerben. Auch gut sortierte Einkaufsmärkte führen mittlerweile Seitanprodukte.

Marinierter Tofu

Zutaten:
- 200 g Tofu
- Saft einer Zitrone
- 3 EL flüssiger Honig
- 3 EL Sojasoße
- 1 TL Currypulver
- 2 EL Sojaöl
- Grillschale

Zubereitung:
Zitronensaft, Honig, Sojasoße und Curry verrühren.

Den Tofu in 1 cm dicke Scheiben schneiden. Mit einer Gabel ein paar Löcher hineinstechen, in die Marinade legen und dort 2 Stunden ziehen lassen.

Die Grillschale mit Sojaöl auspinseln und den Tofu hineinlegen. Die Schale auf den heißen Grill legen und den Tofu darin unter mehrmaligem Wenden etwa 8 Minuten grillen.

Tofu-Pfirsich-Spieß

Zutaten:

- 200 g Tofu
- 4 Pfirsiche
- 3 EL Balsamicoessig
- 3 EL Orangensaft
- 1 TL Kurkuma
- 1 - 2 Prisen Zucker
- 2 EL Sesamöl
- Holzspieße
- Grillschale

Zubereitung:

Balsamicoessig, Orangensaft, Kurkuma und Zucker verrühren.

Den Tofu in mundgerechte Würfel schneiden, in die Marinade legen und dort 2 Stunden zugedeckt ziehen lassen.

Pfirsiche waschen, halbieren, den Kern entfernen und das Fruchtfleisch in Spalten schneiden. Abwechselnd mit dem Tofu auf die Holzspieße stecken.

Die Grillschale mit Sesamöl auspinseln und die Tofu-Pfirsich-Spieße hineinlegen. Die Spieße nochmals mit der übrig gebliebenen Marinade bestreichen. Die Schale auf den heißen Grill legen und die Spieße darin unter mehrmaligem Wenden etwa 8 - 10 Minuten grillen.

Tofu-Chili-Frikadelle

Zutaten:

- ♦ 250 g Tofu
- ♦ 2 rote Chilischoten
- ♦ 1 Ei
- ♦ 100 g Paniermehl
- ♦ 4 EL Sojasoße
- ♦ 2 EL Rapsöl
- ♦ 2 TL Chiliflocken
- ♦ 2 EL Sonnenblumenöl
- ♦ Grillschale

Zubereitung:

Sojasoße, Rapsöl und Chiliflocken verrühren.

Chilischoten waschen, längs aufschneiden, entkernen und in sehr kleine Würfel schneiden. Tofu mit einer Gabel zerdrücken. Beides zusammen mit dem Paniermehl, Ei und Chilischote vermengen. Aus der Masse Frikadellen formen und von beiden Seiten großzügig mit der Marinade bestreichen.

Die Grillschale mit Sonnenblumenöl auspinseln und die Tofu-Chili-Frikadellen hineinlegen. Die Schale auf den heißen Grill legen und die Frikadellen darin unter mehrmaligem Wenden etwa 10 - 12 Minuten grillen.

Tofu-Sesam-Steak

Zutaten:

- 250 g Räuchertofu
- 1 Zwiebel
- 2 Eier
- 150 g Sesam
- 3 EL Sojasoße
- 2 EL Rotweinessig
- 2 EL Avocadoöl
- 2 EL Sonnenblumenöl
- Grillschale

Zubereitung:

Zwiebel schälen und in kleine Würfel schneiden. Dann mit der Sojasoße, Rotweinessig und Avocadoöl verrühren.

Den Räuchertofu in 1 cm dicke Scheiben schneiden, in die Marinade legen und dort zugedeckt 1 Stunde ziehen lassen.

Eier verquirlen und den Tofu darin wenden. Danach im Sesam wälzen. Darauf achten, dass er gut haftet. Gegebenenfalls etwas andrücken.

Die Grillschale mit Sonnenblumenöl auspinseln und die Tofu-Sesam-Steaks hineinlegen. Die Schale auf den heißen Grill legen und den Tofu darin unter mehrmaligem Wenden etwa 10 Minuten grillen. Darauf achten, dass der Sesam nicht verbrennt.

Tofu-Champignon-Spieß

Zutaten:

- 150 g Kräutertofu
- 150 g Champignons
- 2 EL Limettensaft
- 2 EL Sojasoße
- 6 EL Sesamöl
- 1 - 2 Prisen Salz
- 2 - 3 Prisen Pfeffer
- Holzspieße
- Grillschale

Zubereitung:

Limettensaft, Sojasoße, 4 EL Sesamöl, Salz und Pfeffer verrühren.

Den Kräutertofu in mundgerechte Würfel schneiden, in die Marinade legen und dort 2 Stunden zugedeckt ziehen lassen.

Champignons putzen. Abwechselnd mit dem Kräutertofu auf die Holzspieße stecken. Die Spieße nochmals mit der übrig gebliebenen Marinade bestreichen.

Die Grillschale mit dem restlichen Sesamöl auspinseln und die Tofu-Champignon-Spieße hineinlegen. Die Schale auf den heißen Grill legen und die Spieße darin unter mehrmaligem Wenden etwa 15 Minuten grillen.

Tofu-Linsen Röllchen

Zutaten:

♦ 100 g rote Linsen
♦ 50 g Tofu
♦ 50 g Schafskäse
♦ 2 Schalotten
♦ 2 Eier
♦ 150 g Paniermehl
♦ 2 - 3 Prisen Knoblauchsalz
♦ 2 - 3 Prisen Chilipulver
♦ 2 EL Sojaöl
♦ Grillschale

Zubereitung:

Linsen nach Packungsangabe zubereiten.

Schalotten schälen und fein hacken. Tofu und Schafskäse zerbröckeln.

Die abgekühlten Linsen mit dem Tofu, Schafskäse, Schalotten, Eiern und Paniermehl vermengen. Mit Knoblauchsalz und Chilipulver würzen und zugedeckt 1 Stunde ziehen lassen.

Die Masse nochmals durchrühren. Sollte sie zu flüssig sein, noch etwas Paniermehl unterheben. Dann daraus Röllchen formen.

Die Grillschale mit Sojaöl auspinseln und die Linsenröllchen hineinlegen. Die Schale auf den heißen Grill legen und die Röllchen darin unter mehrmaligem Wenden etwa 10 Minuten grillen.

Tempeh-Paprika-Spieß

Zutaten:

- 200 g Tempeh
- 2 rote Paprika
- 1 Knoblauchzehe
- 3 EL Sojasoße
- 2 EL Agavendicksaft
- 1 - 2 Prisen Salz
- 1 - 2 Zitronenpfeffer
- 2 EL Sonnenblumenöl
- Holzspieße
- Grillschale

Zubereitung:

Knoblauchzehe schälen und fein hacken. Dann mit Sojasoße, Agavendicksaft, Salz und Zitronenpfeffer verrühren.

Tempeh in mundgerechte Würfel schneiden. Paprika schälen, Kerngehäuse entfernen und die Paprika ebenfalls in mundgerechte Stücke schneiden. Abwechselnd auf die Holzspieße stecken. Die Spieße in die Marinade legen und darin 2 Stunden ziehen lassen.

Die Grillschale mit Sonnenblumenöl auspinseln und die Tempeh-Paprika-Spieße hineinlegen. Die Schale auf den heißen Grill legen und die Spieße darin unter mehrmaligem Wenden etwa 10 - 15 Minuten grillen.

Mariniertes Seitanschnitzel

Zutaten:

- 2 Seitanschnitzel (Fertigprodukt)
- 1 Knoblauchzehe
- 4 EL Rapsöl
- 2 EL Sojasoße
- 1 EL Tomatenmark
- 1 Prise Salz
- 2 Prisen Pfeffer
- Grillschale

Zubereitung:

Knoblauchzehe schälen und fein hacken. Dann zusammen mit dem Rapsöl, Sojasoße, Tomatenmark, Salz und Pfeffer verrühren.

Schnitzel in die Marinade legen und dort 2 - 3 Stunden ziehen lassen.

Schnitzel mit der Marinade in die Grillschale legen. Die Schale auf den heißen Grill legen und die Schnitzel darin unter mehrmaligem Wenden so lange grillen, bis sie von außen knusprig braun sind.

Süß

Das Beste kommt zum Schluss! Süßes bewegt die Sinne, ist wunderbar
verführerisch und angenehm schmeckend. Auch beim Grillen braucht man
drauf nicht verzichten.

Zwetschgen mit Ahornsirup

Zutaten:

♦ 250 g Pflaumen
♦ 3 EL Ahornsirup
♦ 2 EL Wasser
♦ 1 EL frisch gehackten Rosmarin
♦ 1 Prise Salz
♦ 1 Prise Pfeffer
♦ 2 EL Rapsöl
♦ Grillschale

Zubereitung:

Ahornsirup, Wasser, Rosmarin, Salz und Pfeffer verrühren

Pflaumen waschen, halbieren und den Kern entfernen. Das Obst in die Marinade legen und dort zugedeckt 1 Stunde ziehen lassen.

Die Grillschale mit Rapsöl auspinseln und die Pflaumen hineinlegen. Die Schale auf den heißen Grill legen und die Pflaumen darin unter mehrmaligem Wenden so lange grillen, bis sie weich sind. (Nadelprobe)

Ananas

Zutaten:

- ♦ 200 g Ananasscheiben (Dose)
- ♦ 3 EL flüssiger Honig
- ♦ 2 EL Puderzucker
- ♦ 6 EL Rapsöl
- ♦ Grillschale

Zubereitung:

Die Ananas in einem Sieb gut abtropfen lassen und von beiden Seiten mit 4 EL Rapsöl bestreichen.

Die Grillschale mit dem restlichen Rapsöl auspinseln und die Ananasscheiben hineinlegen. Die Schale auf den heißen Grill legen und die Ananas darin unter mehrmaligem Wenden etwa 8 Minuten grillen.

Nach dem Grillen direkt mit Honig beträufeln und Puderzucker bestäuben.

Pfirsich

Zutaten:
- ◆ 2 Pfirsiche
- ◆ 2 EL gehackte Walnüsse
- ◆ 4 EL flüssiger Honig
- ◆ 2 EL Erdnussöl
- ◆ Grillschale

Zubereitung:
Pfirsiche halbieren und den Kern entfernen.

Die Grillschale mit Erdnussöl auspinseln. Die Schnittseite der Pfirsiche mit Honig bestreichen. Dann mit dieser Seite in die Grillschale legen. Die Schale auf den heißen Grill legen und die Pfirsiche darin etwa 5 Minuten grillen.

Pfirsiche umgedreht auf den Teller legen und mit den gehackten Walnusskernen bestreut servieren.

Birne

Zutaten:
- 2 Birnen
- 2 EL Preiselbeeren
- 2 EL Zitronensaft

Zubereitung:
Birnen waschen, halbieren, mit einem Löffel das Kerngehäuse entfernen. Die Schnittstellen direkt mit Zitronensaft beträufeln.

Birnenhälften mit Schale nach unten in die Grillschale legen. Die Schale auf den heißen Grill legen und die Birnen darin 5 Minuten grillen. Dann umdrehen und von der anderen Seite ebenfalls 5 Minuten grillen.

Birnenhälften auf Teller anrichten und in die Vertiefung des Kerngehäuses Preiselbeeren füllen.

Wassermelone

Zutaten:

♦ 600 g Wassermelone (mit wenig Kernen)
♦ 2 EL gehackte Nüsse
♦ 2 EL Zitronensaft
♦ 5 EL flüssiger Honig
♦ Grillschale

Zubereitung:

Wassermelone in dicke Scheiben schneiden. Dann die Schale entfernen.

Nüsse, Zitronensaft und Honig pürieren.

Die Melonenscheiben in die Grillschale legen. Die Schale auf den heißen Grill legen und die Melone darin kurz von beiden Seiten 2 Minuten grillen.

Melonenscheiben auf Teller anrichten und mit der Honig-Nussmasse beträufeln.

Erdbeer-Bananen-Spieß

Zutaten:

- 200 g Erdbeeren
- 4 Bananen
- 4 EL Ahornsirup
- 2 EL Zitronensaft
- 4 EL Puderzucker
- Holzspieße
- Grillschale

Zubereitung:

Ahornsirup und Zitronensaft verrühren.

Erdbeeren waschen, das Grün entfernen und die Erdbeeren dann halbieren.

Bananen schälen und in Scheiben schneiden. Abwechselnd mit den Erdbeeren auf die Holzspieße stecken. Die Spieße in die Marinade legen und dort ½ Stunde ziehen lassen.

Die Spieße in die Grillschale legen. Die Schale auf den heißen Grill legen und die Erdbeer-Bananen-Spieße darin von jeder Seite 2 - 3 Minuten grillen.

Spieße mit Puderzucker bestreut servieren.

Schoko-Bananen

Zutaten:

- 4 Bananen
- 150 g Vollmilchschokolade
- Grillschale

Zubereitung:

Vollmilchschokolade grob hacken.

Die Bananen längs aufschneiden und die Schokolade dort hineinfüllen.

Bananen in die Grillschale geben. Die Schale auf den heißen Grill legen und die Bananen darin so lange grillen, bis die Schokolade geschmolzen ist.

Etwas Spaß muss sein

Damit es beim Grillen nicht langweilig wird. Etwas Spaß und Blödsinn geht immer.

Auswertung einer Studie: Wer regelmäßig in die Kirche geht
ist dicker als der Durchschnitt.
Wer öfter als der Rest zum Frisör geht ist besser informiert.
Wer oft in die Disco geht hört schlechter als der Rest.
Und wer regelmäßig grillt hat mehr Kohle.

Hausmeister Kurt zu seiner Frau:
„Ich hab vorhin meinen Schwager angerufen und gefragt, ob sie Lust auf
Grillen hätten? Sie müssten nur Bier, Grillgut, Grill und Kohle mitbringen.
Wir liefern das Besteck!

Peter zu seinem Kumpel:
„Wir sind zum Grillen eingeladen. Da fragt meine Frau mich vorhin doch
am Telefon, ob sie noch schnell was backen soll?"
„Und was hast du geantwortet?"
„Nee, hab ich gesagt. Die haben bestimmt genug Holzkohle."

Fragt Hans seinen Freund: „Sag mir deine vier schönsten Worte,
die dir zum Sommer einfallen."
„Der Grill ist an."

Ehepaar Müller sitzt auf dem Balkon.
Sie schaut verträumt in den Sonnenuntergang und
sagt: „Hör mal, Schatz, die Grillen."
Er schaut von seiner Zeitung hoch und meint: „Ich rieche nichts."

Rezeptidee aus
„Zauberhafte Gerichte aus der Koboldküche"

Buchbeschreibung:
Was steht wohl bei einem Kobold alles auf dem Speiseplan?
Nepomuck gewährt Einblick in seine Küche und verrät so manches bisher geheim gehaltene Rezept.
Die Gerichte sind ein wahrer Gaumenschmaus.
Darüber hinaus hält das Büchlein noch ein paar Überraschungen parat.
Nepomuck wünscht gutes Gelingen und ganz viel Spaß!

Taschenbuch: 100 Seiten
Verlag: Books on Demand
ISBN-10: 3735792154
ISBN-13: 978-3735792150
Auch als E-Book erhältlich!

Fruchtiger Salat

Zutaten für 4 Personen:
- 1 kleiner Eisbergsalat
- 2 EL Zitronensaft
- 2 EL Sonnenblumenöl
- 1 reife Birne
- 10 gehackte Walnüsse
- wenig Salz

Zubereitung:
Den gewaschenen Salat fein schneiden.

Aus Salz, Öl und Zitronensaft eine Marinade zubereiten und mit der in Würfel geschnittenen Birne und den Walnüssen unter den Salat mischen.

Rezeptidee aus
„Köstlich vegetarisch
-
Meine Lieblingsgerichte"

Buchbeschreibung:
In diesem Kochbuch hat die Autorin Rezepte zusammengestellt, die bei ihr ganz oben auf der Speisekarte stehen.
Vegetarische Gerichte, die auch Freunde und Familie überzeugt haben, obwohl diese nicht alle Vegetarier sind.
Über Salat, Suppen und Eintöpfe, Snacks und Fingerfood, Gemüse, Nudeln, Ofengerichte und Süßes ist alles dabei.
Also lassen Sie sich inspirieren und probieren es aus, denn vegetarisches Essen ist keineswegs langweilig.
Viel Spaß beim Nachkochen und guten Appetit.

Taschenbuch: 84 Seiten
Verlag: Books on Demand
ISBN-10: 3751993827
ISBN-13: 978-3751993821
Auch als E-Book erhältlich!

Radicchio-Weintrauben-Salat

Zutaten für 2 Personen:
Für den Salat:
- 200 g Radicchio
- 100 g kleine kernlose Weintrauben
- 2 EL geriebener Parmesan
- 100 g Mandelstifte

Für das Dressing:
- 2 EL Walnussöl
- 1 EL Himbeeressig
- 1 EL Senf (süß)
- 1 EL Zitronensaft
- 2 - 3 Prisen Pfeffer

Zubereitung:
Radicchio waschen, putzen und in mundgerechte Stücke schneiden. Weintrauben waschen.
Radicchio, Weintrauben und Mandelstifte in einer Schüssel vermengen.
Zutaten für das Dressing verrühren, über den Salat geben und diesen ca. 15 Minuten ziehen lassen.
Salat auf Teller anrichten und mit Parmesan bestreut servieren.

Olivenöl aus Peloponnes

Reinstes, natürliches Olivenöl aus Griechenland - wunderbar zart und doch würzig im Geschmack

Die Menschen im Mittelmeerraum wissen es schon lange: Olivenöl ist gut für die Gesundheit. Schon immer diente es hier zur Bereicherung der täglichen Nahrung. Schon Hippokrates lehrte, Olivenöl könne viele ernste Leiden heilen.

Olivenöl ist ein aus dem Fruchtfleisch und dem Kern von Oliven gepresstes Pflanzenöl. Olivenöl ist aber nicht gleich Olivenöl. Jedes Öl hat geschmackliche Unterschiede und somit seinen individuellen Charakter, welcher durch Herkunft und Qualität der Früchte, Boden sowie Klima beeinflusst wird. Grundsätzlich kann man alle hochwertigen Olivenöle bis 180° erhitzen. Einige Olivenöle eignen sich jedoch geschmacklich besser für den puren Genuss und den Salat, andere auch für warme Speisen und zum Braten. Die geschmackliche Note eines Gerichtes ist stark abhängig von dem verwendeten Olivenöl.

Olivenöl ist nicht immer Olivenöl

Leider gibt es viel Betrug mit Olivenöl. Gerade in Supermärkten wird oft Öl angeboten, das absolut nicht den Qualitäten entspricht, die da stehen. Laufend erscheinen Artikel in der Presse, die aufdecken, was denn da so alles gepanscht wird.

Für kein anderes Öl gelten so strenge Qualitätsvorschriften wie für Olivenöl; trotzdem stößt man bei Qualitätsüberprüfungen immer wieder auf Täuschungsmanöver. Der Kauf von Olivenöl ist eine absolute Vertrauenssache, insbesondere bei teuren Qualitätsölen. Ein hochwertiges Olivenöl hat eben seinen Preis.

Lebensmittel müssen hochwertig sein - so wie das Leben selbst.

Lebensmittel sollten wertvoll sein - so wie das Leben selbst für uns wertvoll sein sollte. In der unverfälschten Natur des Peloponnes stehen und gedeihen die Olivenbäume in einem eingezäunten Olivenhain ohne Chemie und anderen unnatürlichen Zusätzen. Geerntet wird von Hand, so wie vor

Hunderten von Jahren. Nach der Mühle wird das naturtrübe Olivenöl in speziellen Olivenölkanistern nach Österreich gebracht. Hier werden sie in formschöne Flaschen gefüllt. Der Geschmack ist einzigartig und man spürt darin die Sonne, die Luft und das Meer Griechenlands.

Mehr Infos zu dem reinen, natürlichen Olivenöl aus Griechenland unter:

www.olivenoel-aus-griechenland.at

Olivenöl aus Griechenland

Peloponnes Achaia

Das Rezept kann man als Grillbrot nehmen, oder auch als vorzügliches Weißbrot mit langer Haltbarkeit im Backofen herstellen.

Zutaten:

- ♦ 1 kg Weizenmehl, glatt
- ♦ 2 Packerl Trockenhefe (á 7g), oder 1 Würfel frische Hefe
- ♦ 1 El Salz
- ♦ 2 EL Olivenöl
- ♦ 1 TL Zucker
- ♦ 1 EL Brotgewürz (oder einfach Kräuter nach Wahl)
- ♦ warmes Wasser nach Bedarf

Die Herstellung des Teiges ist etwas langwierig, aber es bewährt sich es so zu machen, da das Brot dann saftiger und wesentlich haltbarer wird.

6 EL Mehl in einen Topf geben, soviel Wasser einrühren, dass es eine glatte Masse wird (wie Püree). auf kleiner Flamme erwärmen (darf nicht aufkochen!) und nach und nach - unter ständigem Rühren - soviel Wasser beimengen, dass die Konsistenz püreeartig bleibt. Diese Masse dann zur Seite stellen und auskühlen lassen. Dieser Trick wird von Bäckern verwendet, dass das Mehl mehr Flüssigkeit speichert und daher saftig wird. Das kann man bei jeder Art von Hefeteig anwenden.

Der Vorteig. Sollte auch bei Trockenhefe gemacht werden. ca. 1/4 Liter warmes Wasser in eine Schüssel geben. Den Zucker und die Hefe dazugeben und so lange rühren, bis die Hefe aufgelöst ist. Dann ca. 1/4 bis 1/3 des Mehls einrühren - so viel, dass ein klebriger Teig entsteht. Das ganze ca. 15 Minuten zugedeckt an einem warmen Ort gehen lassen.

Alle restlichen Zutaten, den Ansatzteig und den Vorteig dazugeben und solange kneten, bis es ein leicht formbarer Teig wird und er sich von der Schüssel und dem Rührstab löst. Für die Wassermenge, die man braucht, gibt es keine genauen Angaben, da Trockenzutaten immer unterschiedlich Wasser benötigen. Im Gesamten ist von ca. 3/4 Liter auszugehen.

Den Teig mit einem Tuch zudecken und ca. 60 Minuten ruhen lassen. Er sollte doch um das Doppelte gewachsen sein.

Den Teig aus der Schüssel auf die Küchenablage geben. Mehlen ist nicht notwendig, der Teig sollte nicht ankleben. Nun nach Lust und Laune formen.

Am besten für den Grill: Mit dem Nudelholz auswalken und in 2 cm breite Streifen schneiden. Diese dann noch ca. 30 Minuten ruhen lassen und ab auf den Grill.

Als Brot: Der Fantasie sind keine Grenzen gesetzt. Einfach Formen, wie man will. Bitte in der fertigen Form noch gehen lassen, bis der Teig die doppelte Höhe erreicht hat. Dann bei 200 Grad im Ofen auf der unteren Schiene backen. In einer Kastenform ist die Backzeit 40 Minuten.

Tipp: Wenn Sie das Brot einfrieren wollen, dann nur 30 Minuten backen und zum Auftauen noch einmal 20 Minuten bei 180 Grad backen, dann haben Sie ein frisches Brot auf dem Tisch.

Mahlzeit!

Autorenprofil

Britta Kummer wurde 1970 in Hagen (NRW) geboren. Heute lebt sie im schönen Ennepetal und ist gelernte Versicherungskauffrau.

Die Freude am Schreiben hat sie im Jahre 2007 entdeckt und seit dieser Zeit bestimmt es ihr Leben. Es macht ihr einfach großen Spaß, sich auf diese Art und Weise auszudrücken.

Erst wurden ihre Werke im Bekanntenkreis herumgereicht und die Resonanz darauf war sehr positiv.

Es dauerte nicht lange und schon hielt sie ihr 1. Buch "Willkommen zu Hause, Amy" in Händen. Dieses Buch wurde im Januar 2016 mit dem Daisy Book Award ausgezeichnet. Der Kärntner Lesekreis "Lesefuchs" vergibt in unregelmäßigen Abständen diese Auszeichnung für gute Kinder- und Jugendliteratur.

Weitere Informationen finden Sie unter: http://brittasbuecher.jimdofree.com/

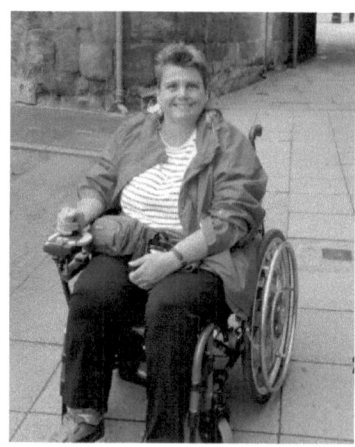

Bücher der Autorin

Nepomuck und Finn: Mission Umweltschutz, ISBN: 978-3-7519-9747-8
Ostern mit Nepomuck und Finn, ISBN: 978-3-7504-0772-5
Weihnachten mit Nepomuck und Finn, ISBN: 978-3-7448-9014-4
Neue Abenteuer mit Nepomuck und Finn, ISBN: 978-3-7494-5428-0
Pferde erzählen, ISBN: 978-3-9611-1618-8
Zac und der geheime Auftrag, ISBN: 978-3-9611-1668-3
Willkommen zu Hause, Amy, 978-3-9611-1705-5
Die Abenteuer des kleinen Finn, ISBN: 978-3-8448-1599-3
Kummers Kindergeschichten, ISBN: 978-3-7386-0100-8
Kummers Kindergeschichten 2, ISBN: 978-3-7392-3824-1
Kleine Mutmachgeschichten, ISBN: 978-3-9030-5644-2
Gedankenkarussell – Eine literarische Reise, ISBN: 978-3-7392-4553-9
Mein Leben mit MS, ISBN: 978-3-9030-5642-8
Mein Leben mit MS 2, ISBN: 978-3-9654-4078-4
Weihnachtsgeschichten ... und noch mehr, ISBN: 978-3-7386-4553-8
Gut geschmiert in den Tag: Brittas und Edes Marmeladengenuss, ISBN: 978-3-7481-2597-6
Das Marmeladenbüchlein, ISBN: 978-3-9611-1212-8
Vegetarisch für die ganze Familie, ISBN: 978-3-7448-9344-2
Kummers Suppentöpfchen, ISBN: 978-3-7386-1124-3
Kummers Ofengerichte, ISBN: 978-3-7431-4125-4
Kummers Schlemmerkochbuch, ISBN: 978-3-7322-3126-3
Vegetarische Weltreise, ISBN: 978-3-7528-3915-9
Vegetarischer Genuss - Quer Beet, ISBN: 978-3-7481-6766-2
Vegetarisch für Jedermann [Kindle Edition], ASIN: B079YGP512
Guten Appetit [Kindle Edition], ASIN: B07B8BR3R2
BE VEGGIE [Kindle Edition], ASIN: B07M7C3RJC

Danke

Der größte Dank geht an meine Eltern, weil sie immer für mich der Fels in der Brandung sind und mir helfen, all meine Höhen und Tiefen zu überwinden.

An meine Freunde, die immer da sind, wenn ich mal eine starke Schulter zum Anlehnen, zum Zuhören, zum Trösten, zum Weinen, aber auch zum Lachen, brauche.

An meine Autorenfreunde
Heidi Dahlsen
http://autorin-heidi-dahlsen.jimdofree.com/

Christine Erdiç
http://christineerdic.jimdofree.com/
http://literatur-reisetipps.blogspot.de/

für ihre kreative Unterstützung, unermüdliche Hilfe und dass sie mir immer mit Rat und Tat zur Seite stehen.

Buchstabensüppchen

Im Buchstabensüppchen trifft Literatur auf Genuss.

Interessante Buchtipps und Leseproben machen Spaß auf mehr.

Schmackhafte Rezeptideen laden zum Nachkochen ein.

Viel Vergnügen beim Stöbern.

http://buchstabensueppchen.jimdo.com/